# 100GYPSY-JAZZ
# GITARREN-LICKS

Lerne Gypsy-Jazz-Gitarren-Solotechnik mit 100 authentischen Licks

## REMI**HARRIS**

FUNDAMENTAL**CHANGES**

# 100 Gypsy-Jazz-Gitarren-Licks

## Lerne Gypsy-Jazz-Gitarren-Solotechnik mit 100 authentischen Licks

ISBN: 978-1-78933-378-7

Veröffentlicht von **www.fundamental-changes.com**

**www.fundamental-changes.com**

Über 12.000 Fans auf Facebook: **FundamentalChangesInGuitar**

Instagram: **FundamentalChanges**

Über 350 kostenlose Gitarrenlektionen mit Videos findest du unter

**www.fundamental-changes.com**

# Inhalt

# Über den Autor

Seit seinem siebten Lebensjahr hat sich Remi Harris dem Gitarrenspiel verschrieben. Obwohl man sagen könnte, dass die Musik schon viel früher zu ihm fand, als ihm seine Mutter den Namen gemäß der 2. und 3. Stufe der Dur-Tonleiter gab: Do-*Re-Mi*.

Seitdem hat sich der überwiegend autodidaktisch ausgebildete Musiker vom Straßenmusiker bis hin zu Auftritten in vielen renommierten Konzerthäusern und bei Veranstaltungen auf der ganzen Welt sowie in nationalen Radio- und Fernsehsendungen einen Namen gemacht.

Zu Remis bemerkenswerten Auftritten gehören:

Buckingham Palace; die BBC Proms in der Royal Albert Hall mit Jamie Cullum (ausgestrahlt auf BBC4); Montreal Jazz Festival, Kanada; Django Reinhardt Festival, Samois Sur Seine, Frankreich; Django Festival, Oslo, Norwegen; Bennetts Lane Jazz Club, Melbourne, Australien; Hereford & Brecon Cathedral; Jamie Cullum Show, BBC Radio 2; Terry Wogan Show, BBC Radio 2; Chris Evans Show, BBC Radio 2 mit Jamie Cullum; und In Tune, BBC Radio 3.

Remi hört ein breites Spektrum an Musikrichtungen, darunter Jazz, Blues, Rock, Klassik, Folk, Pop, Heavy Metal, Hip-Hop und elektronische Musik. Die Inspiration, die er aus diesen unterschiedlichen musikalischen Quellen schöpft, hat es ihm ermöglicht, einen einzigartigen und vielseitigen Spiel- und Kompositionsstil zu entwickeln. Dies spiegelt sich auch in seinen Live-Auftritten wider, bei denen das Publikum oft eine breite und abwechslungsreiche Mischung des Repertoires zu hören bekommt.

Remi spielt Fylde Guitars und verwendet Newtone Strings.

Was andere über Remi sagen:

*Ein außergewöhnlicher Musiker* - Jamie Cullum

*Erstaunliche Sachen* - Cerys Matthews, BBC Radio 2 & BBC 6 Music

*Hervorragend!* - Martin Taylor MBE

*Ein ungemein begabter Spieler* - John Etheridge

*Genial!* - Clive Carroll

*Das Niveau seines Spiels ist atemberaubend* - Guitar Techniques Magazine

*Bemerkenswert* - Total Guitar Magazine

*Eine unglaubliche Darbietung von melodischer Improvisation* - Guitarist Magazine

*Irre ist so ziemlich das einzige Adjektiv, das zu Remi Harris' verblüffenden Akustikspiel zu passen scheint* - Akustik-Magazin

# Vorwort von Martin Taylor

In den letzten Jahren hat die Musik von Django Reinhardt eine enorme Renaissance erlebt. Meine eigene musikalische Reise begann als kleines Kind in den frühen 1960er Jahren, als ich die Platten des *Quintette du Hot Club de France* meines Vaters hörte, während mein Vater auf seiner Gitarre zu kratzigen alten 78rpm-Platten klimperte, die sich auf dem Plattenspieler der Familie drehten.

Die lyrischen Improvisationen von Django Reinhardt und Stephane Grappelli schienen auf so fesselnde Weise direkt zu mir zu sprechen, dass ich die Gitarre meines Vaters in die Hand nahm, sobald ich groß genug war, sie zu hochzuheben und sie auf meine Knie legte. Von diesem Moment an war ich süchtig nach dieser erstaunlichen Musik und machte mich auf den Weg zu einem Leben als Musiker.

Für die heutige Generation von „Hot Club"-Spielern und -Fans ist es wahrscheinlich schwer vorstellbar, ja sogar unglaublich, aber diese Musik kam in weiten Teilen der Jazzwelt ab den 1950er Jahren ziemlich aus der Mode und blieb es für ein paar Jahrzehnte, bis Stéphane Grappelli in den 1970er Jahren seine gitarrenbasierten Gruppen neu formierte und anfing, weltweit zu touren.

Kleine Gruppen von Django-Liebhabern rund um den Globus hielten die Flamme am Brennen, und ich bin sehr stolz darauf, dass ich während meiner elfjährigen Zusammenarbeit mit Stephane Grappelli von 1979 bis 1990 und ein paar Jahre später mit meiner Gruppe Martin Taylor's Spirit of Django auf meine Weise dazu beitragen konnte, eine neue Generation von Gitarristen zu beeinflussen.

Unter dem inzwischen wieder eingeführten Begriff „Gypsy Jazz" hat sich eine Reihe hervorragender Gitarristen herausgebildet, die sich auf dieses Musikgenre spezialisiert haben, und ich halte Remi Harris für einen der allerbesten und spannendsten Vertreter.

In diesem Buch hat Remi 100 wunderschön konzipierte und ausgearbeitete Gypsy-Jazz-Gitarren-Licks zusammengestellt, die Schüler über Dur-, Moll- und Dominant-Akkorde sowie über Dur- und Moll-II-V-I-Progressionen in einigen der gängigsten Tonarten für diese Musikform lernen können. Es ist ein Gypsy-Jazz-Gitarren-Toolkit, das dir hilft, über die häufigsten Akkordwechsel zu spielen und die stilistischen Merkmale zu verstehen.

Als Musiker verbindet Remi seine Vorliebe für den Gypsy-Jazz-Stil der alten Schule mit dem „modernen Manouche", bei dem er auch andere Einflüsse in den Schmelztiegel einfließen lässt. Bei seinen Live-Auftritten ist das Publikum völlig fasziniert von seiner Kunstfertigkeit, Virtuosität, Musikalität und seiner tief empfundenen Leidenschaft für diese Musik.

Remi ist nicht nur ein großartiger Botschafter des Gypsy Jazz, sondern gibt mit diesem Buch sein Wissen und seine Erfahrung an alle weiter, die diese wunderbare Musik spielen und entdecken wollen, wie unglaublich cool sie wirklich ist!

*Dr. Martin Taylor MBE*

# Einführung

Die anhaltende Popularität des Gypsy Jazz bedeutet, dass das Interesse am Erlernen und Spielen dieses Musikstils so groß ist wie eh und je. Es ist schwer zu erklären, warum er so beliebt ist, aber vielleicht liegt es an der Mischung aus akustischen Instrumenten (was ihn leicht zugänglich macht), seinen ansteckenden Rhythmen und eingängigen Melodien. Gypsy Jazz ist eine fröhliche Musik, die swingt und die Menschen mitreißt.

Hinzu kommt, dass der Großteil des Gypsy-Jazz-Repertoires auf Melodien mit recht einfachen harmonischen Strukturen basiert. Das bedeutet, dass Musiker aller Niveaus leicht mitmachen können. Die Melodien können einfach gespielt werden, oder sie können Plattformen für virtuoses Spiel sein. Auf jeden Fall hat diese Musik eine wunderbare „Jam Session"-Kultur, bei der jeder willkommen ist, mitzumachen.

Wie der Rock oder der Blues hat auch der Gypsy Jazz sein eigenes spezifisches Vokabular, und in diesem Buch habe ich 100 wichtige Phrasen zusammengestellt, die dir helfen werden, die Sprache zu lernen und authentisch zu klingen. Die Linien haben einen unterschiedlichen Schwierigkeitsgrad. Einige sind sehr leicht zugänglich, so dass du schnell ein paar gut konstruierte Licks in dein Spiel einbauen kannst, während andere anspruchsvoller sind, wenn du bereit bist, dich ein bisschen mehr zu trauen.

Das Material ist in zwei klare Abschnitte unterteilt: Licks über statische Akkorde und Licks über kurze Akkordfolgen.

Aufgrund der harmonischen Einfachheit vieler Standards wirst du dich oft dabei ertappen, wie du über einen einzigen Akkord mehrere Takte lang ein Solo spielst. Aus diesem Grund ist es gut, eine Reihe von Ideen zu haben, die über einen Akkord funktionieren. Dann ist es auch nützlich, einige Ideen zu haben, die über die beliebteste Akkordfolge in dieser Art von Musik funktionieren: die ii V I Progression.

Die Kapitel 1-6 behandeln Licks über die Akkorde Dur, Moll und Dominant-7. Es gibt zwei Kapitel für jeden Akkordtyp, und ich habe bewusst die nützlichsten Tonarten gewählt, in denen viele der Standards häufig gespielt werden (G-Dur, D-Dur, A-Moll und D-Moll).

Auch in den Kapiteln 7-10 werden diese vier beliebten Tonarten verwendet, und hier lernst du Licks über Dur- und Moll-ii-V-I-Progressionen.

Am Ende des Buches wirst du in der Lage sein, großartig klingenden Gypsy Jazz zu spielen und eine große Anzahl von Standards zu bewältigen.

Ich sollte darauf hinweisen, dass ich in diesem Buch nicht versuche, die Spieltechnik des Gypsy Jazz zu lehren. Dies ist ein spezielles Thema, das ein eigenes Buch füllen könnte, und es gibt eine Fülle von Tutorials, die online verfügbar sind. Hier liegt der Schwerpunkt ausschließlich auf dem Erlernen einer authentischen Sprache.

Ich habe versucht, die Ideen in diesem Buch so einfach und klar wie möglich zu erklären. Es gibt jedoch viele Möglichkeiten, Musik aufzuschlüsseln und zu analysieren, und die meisten Menschen werden eine etwas andere Art haben, sich die Dinge vorzustellen, je nachdem, wie sie gelernt haben zu spielen. Es steht dir also frei, deine eigenen theoretischen Kenntnisse zur Analyse der Linien zu verwenden, wenn du dadurch die Ideen besser in dein Spiel integrieren kannst. Ich denke, es ist gut, die Dinge aus verschiedenen Blickwinkeln betrachten zu können.

Du kannst direkt in ein beliebiges Kapitel dieses Buches einsteigen, aber ein guter Anfang ist das Herunterladen der kostenlosen Audiodateien, die dem Buch beiliegen. Du kannst die Licks abspielen und dich an die Arbeit machen, wenn dir der Sound gefällt, oder du kannst alle Licks methodisch nacheinander durcharbeiten - was immer dir am besten gefällt. Vor allem aber solltest du Spaß beim Lernen haben und diese Licks so bald wie möglich in einer echten musikalischen Umgebung ausprobieren.

*Remi*

## Meine Herangehensweise

Du wirst in diesem Buch keine detaillierte Erklärung für jedes einzelne Lick finden. Ich werde zwar jede Linie kurz beschreiben, aber ich hielt es für nützlicher, den Gedankenprozess zu erläutern, der hinter meinen melodischen Gypsy-Jazz-Licks steht.

Eines der schwierigsten Dinge beim Erlernen des Gitarrenspiels ist, wenn dir jemand ein tolles Lick zeigt und dann sagt: „OK, jetzt erfinde ein eigenes." Das ist sehr schwierig, wenn man nicht die Werkzeuge hat, mit denen die musikalische Idee überhaupt erst entstanden ist.

Hier erkläre ich also das einfache Konzept, mit dem ich Linien kreiere, damit du erstens sehen kannst, wie aus dieser Idee melodische Linien entstehen, und zweitens, wie du damit deine eigenen Licks gestalten kannst.

Wenn ich Videos online stelle, wird mir am häufigsten die Frage gestellt: „Welche Tonleiter hast du für diese Linie verwendet?" Es mag dich überraschen, dass Tonleitern normalerweise nicht mein erster Gedanke sind, wenn ich spiele.

Wenn ich Licks komponiere oder improvisiere, denke ich im Allgemeinen in Akkordtönen und Akkordbewegungen. Von Zeit zu Zeit spiele ich Ideen, die auf einer Tonleiter basieren, aber mein Hauptaugenmerk liegt auf den einzelnen Akkordtönen und wie sie sich auf den Grundton des Akkords und/oder die Grundtonart der Akkordfolge beziehen.

Eine gute Möglichkeit, mit dieser Denkweise zu beginnen, besteht darin, sich auf bestimmte Akkordformen, die Akkordtöne, aus denen die Formen bestehen, und die anderen Akkordtöne, die sich in der Nähe befinden, zu konzentrieren.

Gehen wir dieser Idee auf den Grund...

Stelle dir eine Akkordform vor und denke an alle Noten in ihrem Verhältnis zum *Grundton* dieses Akkords. Nehmen wir an, es ist ein Dm7-Akkord. Wir könnten uns entscheiden, unsere melodischen Ideen auf dieser gebräuchlichen Form aufzubauen:

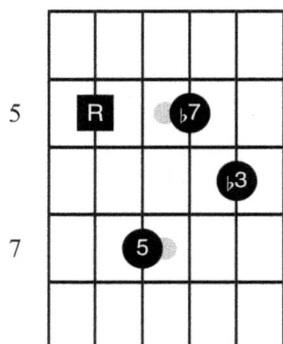

Die oben abgebildeten Akkordtöne sind die „starken" Noten des Akkords. Wenn wir uns das Musizieren wie das Malen eines Bildes vorstellen, stehen diese Töne für mich im *Vordergrund*. Der Grundton, b3, 5 und b7 sind *sichere* Noten, auf denen wir uns ausruhen und mit denen wir Melodien kreieren können.

Aber alle Noten, die die Akkordtöne umgeben, können auch beim Solospiel verwendet werden. Jede spielt eine etwas andere Rolle und erzeugt einen anderen Klang in Bezug auf den Akkord.

Das folgende Diagramm zeigt *alle* potenziellen Durchgangsnoten in Reichweite der Akkordform, beginnend auf der fünften Saite, wo sich der Grundton befindet.

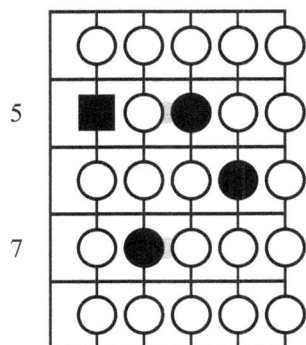

Dm7

Für sich genommen sieht dieses Diagramm sehr einschüchternd aus! Schlüsseln wir es uns auf.

Wir können diese Notizen in zwei Gruppen aufteilen:

1. Wiederholte Akkordtöne/erweiterte Noten

2. Chromatische Noten

Erstens sind einige dieser Noten Wiederholungen der Akkordtöne, während andere erweiterte Noten sind. Dies ist in dem untenstehenden Diagramm dargestellt. Innerhalb dieser Form gibt es Wiederholungen des Grundtons, der b3, 5 und b7. Dann gibt es die erweiterten Töne 6, 9 und 11. Diese Erweiterungen fügen dem Klang des Grundtons Dm7 eine andere Farbe hinzu, ohne dabei die Harmonie zu verlassen. Vielleicht kennst du diese Sammlung von Tönen als dorischen Modus, und obwohl man sich das natürlich so vorstellen kann, ziehe ich es vor, mir jeden einzelnen Ton und seine Beziehung zum Grundton separat vorzustellen.

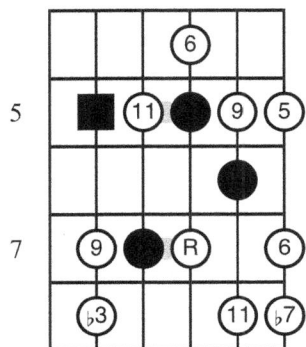

Dm7

Hier ist ein einfaches Lick, das auf der obigen Form basiert und eine Kombination aus Akkordtönen und erweiterten Noten verwendet. Es endet auf der Note G (11) auf der zweiten Saite, um einen Dm11-Sound zu erzeugen.

**Beispiel 01a**

Die erste Möglichkeit, einen Lick um eine Akkordform herum zu erfinden, besteht also darin, zu verstehen, wo sich die Akkordtöne und -erweiterungen im Verhältnis zum Grundton befinden.

Die zweite Gruppe von Durchgangsnoten - diejenigen, die weder Akkordtöne noch Erweiterungen sind - sind chromatische Noten, d. h. sie gehören nicht zum übergeordneten Akkord. Das folgende Diagramm zeigt die chromatischen Notenoptionen in Bezug auf den Grundton des Akkords.

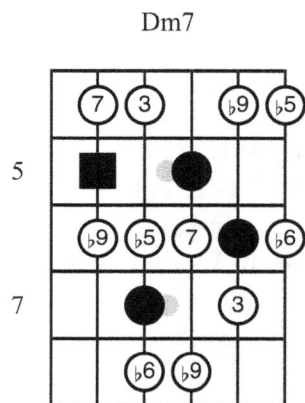

Wenn die starken Akkordtöne im *Vordergrund* des Bildes sind, dann sind diese beiden Gruppen von Durchgangsnoten im *Hintergrund*.

Erweiterungen wie die 6, 9 und 11 sind nicht allzu weit entfernt vom Akkord, so dass wir auf diesen Noten ruhen und mit ihnen eine andere Farbe des Moll-Akkords erzeugen können.

Andere, wie die b5, b9 oder die Verwendung der großen Terz über einem Moll-Akkord, erzeugen einen Klang, der viel weiter von den Vordergrundtönen entfernt ist, so dass wir dazu neigen, uns nicht auf diesen Noten auszuruhen, es sei denn, wir streben einen „outside" oder alterierten Klang an. Dennoch sind sie als Durchgangsnoten nützlich, um Spannung und Entspannung zu erzeugen. Wir können sie verwenden, um die starken Akkordtöne und Erweiterungen *anzuvisieren*.

Wenn wir diese beiden Farbsätze kombinieren, können wir Licks komponieren, die sich in die Harmonie hinein- und wieder herausbewegen und so Spannung und Entspannung erzeugen. Arbeite dieses längere Lick durch und finde heraus, welche erweiterten und chromatischen Noten ich verwendet habe, um die grundlegende Dm7-Akkordform auszuschmücken.

**Beispiel 01b**

Versuche, ein paar eigene Licks um diese Akkordform herum zu spielen.

Komponiere zunächst eine Zeile, die nur Akkordtöne und Erweiterungen verwendet.

Als Nächstes führst du einige chromatische Durchgangsnoten ein.

Ein guter Tipp ist, Akkordtöne/Erweiterungen hauptsächlich auf den Abschlägen und chromatische Durchgangsnoten hauptsächlich auf den Aufschlägen zu spielen. Wenn du Akkordtöne die meiste Zeit auf den starken Zählzeiten des Taktes spielst, klingen deine Licks geerdet, egal wie viele chromatische Verzierungen du hinzufügst.

Diese Idee lässt sich auf jede Akkordform anwenden, die du kennst. Hier ist eine alternative Möglichkeit, Dm7 mit seinem Grundton auf der fünften Saite zu spielen.

Diese Form gibt uns Zugang zu den erweiterten/chromatischen Noten darunter. Obwohl es einige Überschneidungen mit der vorherigen Form gibt, gibt uns diese neue Form Zugang zu Noten in einer neuen Zone des Griffbretts und wird zu anderen melodischen Ideen führen.

Dm7

Mit dieser Form könnten wir die folgende Zeile, die auf G endet, auf der vierten Saite spielen, um einen Dm11-Klang zu erzeugen.

**Beispiel 01c**

Sobald du diese Idee besser beherrschst, kannst du anfangen, dich zwischen den Formen zu bewegen und sie auf dem Griffbrett zu verbinden. Es ist möglich, mit diesem Konzept einige komplexe Ideen zu spielen, ohne sich jemals zu weit von der Harmonie zu entfernen, solange man sich bewusst ist, wo sich die starken Akkordtöne befinden. Hier ist ein komplexeres Lick, das ich über Dm7 improvisiert habe.

**Beispiel 01d**

Wir könnten diese Zeile auch vom skalischen Standpunkt aus analysieren. Zum Beispiel könnten die ersten fünf Noten als aus einer D-Moll-Tonleiter wie der dorischen Tonleiter stammend betrachtet werden. Die nächsten beiden Noten könnten aus der D-Blues-Tonleiter stammen, gefolgt von einer Note aus D-Moll und so weiter. Aber ich denke, es ist einfacher, sich diese Linie so vorzustellen, dass einfach alles D-Moll ist und wir uns zwischen zwei D-Moll-Akkordformen bewegen. Die Linie beginnt mit dieser Form:

Dm7

5

7

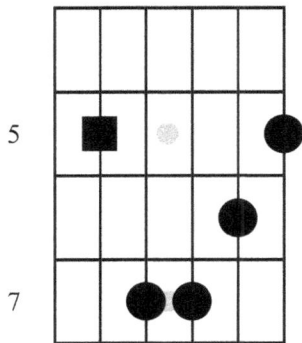

Und steigt für den Rest der Linie schnell in diese Form auf:

Dm7

12

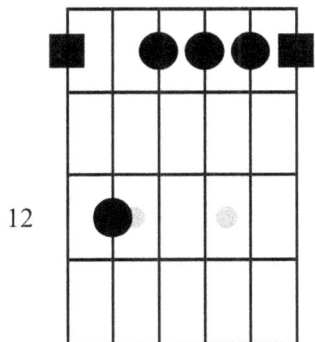

Die Visualisierung von Akkordformen hilft, unsere melodischen Ideen zu erden. Gypsy Jazz ist ein Musikstil, der sehr stark in Akkordformen verwurzelt ist, und viele der Licks sind aus starken Akkordtönen aufgebaut, die von Durchgangsnoten umgeben sind. Für mich ist es mit dieser Methode viel einfacher zu erkennen, wie unsere Auswahl von Noten mit den Akkorden zusammenhängt, über die wir spielen.

Du kannst diese Idee ganz einfach während deiner Übungszeiten auf die folgende strukturierte Weise erkunden:

1. Wähle ein beliebiges Akkord-Voicing.

2. Vergewissere dich zunächst, dass du die Intervalle der einzelnen Akkordtöne im Verhältnis zum Grundton kennst.

3. Experimentiere nun mit den Durchgangsnoten, die sich in unmittelbarer Nähe der Akkordform befinden. Verwende ein Online-Tool zum Nachschlagen, um herauszufinden, welche Noten Erweiterungen des Akkords und welche chromatische Noten sind, falls erforderlich.

4. Komponiere zunächst eine Linie, die nur Akkordtöne und Erweiterungen verwendet.

5. Komponiere als Nächstes eine Linie, die chromatische Noten ins Spiel bringt.

6. Versuche, die Grundtöne und Erweiterungen der Akkorde hauptsächlich auf den starken Zählzeiten des Taktes zu spielen. Verwende chromatische Noten, um die Akkordtöne anzusteuern.

7. Spiele den Akkord zwischen den Linien, die du erzeugst, damit du den Kernklang der Harmonie im Ohr behältst.


Als Nächstes wollen wir ein paar Licks ausprobieren.

# Audio abrufen

Die Audiodateien zu diesem Buch kannst du kostenlos von **www.fundamental-changes.com** herunterladen. Der Link befindet sich in der oberen rechten Ecke. Klicke auf den Link „Gitarre", wähle dann einfach diesen Buchtitel aus dem Dropdown-Menü aus und folge den Anweisungen, um die Audiodatei zu erhalten.

Wir empfehlen dir, die Dateien direkt auf deinen Computer (nicht auf dein Tablet) herunterzuladen und sie dort zu extrahieren, bevor du sie zu deiner Medienbibliothek hinzufügst. Du kannst sie dann auf dein Tablet oder deinen iPod laden oder auf CD brennen. Auf der Download-Seite findest du eine Anleitung und wir bieten auch technische Unterstützung über das Kontaktformular.

Über 350 kostenlose Lektionen mit Videos findest du hier:

**www.fundamental-changes.com**

Werde Mitglied unserer aktiven Facebook-Community:

**www.facebook.com/groups/fundamentalguitar**

Markiere uns zum Teilen auf Instagram: **FundamentalChanges**

# Kapitel Eins - G-Dur Licks

Wir beginnen mit zehn Dur-Akkord-Licks in der Tonart G-Dur. Viele große Gypsy Jazz Standards werden häufig in dieser Tonart gespielt, darunter *Nuages, Djangology, Lady Be Good, I Can't Give You Anything But Love, Sweet Georgia Brown* und *Stompin' at Decca*.

Die übergeordnete Skala von G-Dur enthält die Noten: G A B C D E F#

Behalte dies im Hinterkopf, während du die Licks durcharbeitest, damit du erkennen kannst, wo ich Durchgangsnoten verwendet habe.

Ich werde nicht jede Zeile in diesem Kapitel im Detail analysieren, aber lass uns diese erste Idee aufschlüsseln, damit du die Verbindung zwischen der melodischen Linie und den zugrundeliegenden Akkordformen sehen kannst, die ich beim Spielen visualisiert habe. Sie basiert auf zwei gängigen Gmaj7-Akkordformen. Beispiel 1a beginnt in der ersten Form für die Takte 1-2 und geht in die zweite Form für die Takte 3-4 über.

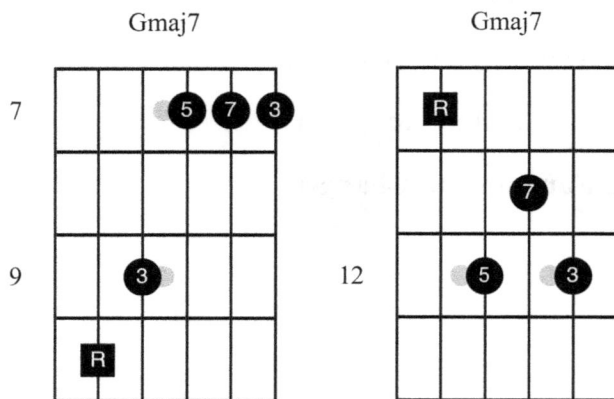

Im ersten Takt zielt die C#-Annäherungsnote auf D, die Quinte (5) des G-Dur-Akkords. In den Takten 2-3 werden keine chromatischen Noten verwendet, sondern die erweiterten Noten 6, 9 und 11.

In den letzten beiden Takten gibt es einen chromatischen Abwärtslauf, der auf einem starken Akkordton (3) auf Schlag 1 von Takt fünf landet. Das untenstehende Diagramm zeigt die von mir gewählten Durchgangsnoten im Verhältnis zu den Akkordtönen. Stelle dir diese Form auf dem Griffbrett vor, während du den Abwärtslauf spielst.

Gmaj7

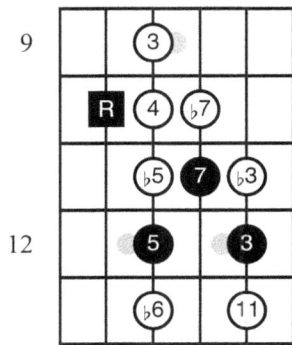

Die Verwendung des Intervalls b3 über Gmaj7 (der eine große Terz enthält) ist ein besonders spannungsgeladener Klang, aber unsere Ohren akzeptieren ihn, weil es sich um eine flüchtige Note handelt und Teil einer Phrase ist, die auf einen starken, sicheren Akkordton abzielt.

**Beispiel 1a**

Die nächste Linie ist ein Beispiel für ein „*Enclosure* Lick" (Umspielung). Hier geht es darum, sich auf die starken Akkordtöne zu konzentrieren und dann darüber und darunter Durchgangsnoten zu spielen, um sie zu „umspielen". Jede Enclosure wird hier als vierstimmige Phrase gespielt, wobei der starke Akkordton zweimal erklingt. Das Lick endet auf einem A (9), was einen Gmaj9-Klang suggeriert.

**Beispiel 1b**

Das nächste Lick bewegt sich durch drei G-Dur-Akkordformen, um eine Linie zu spielen, die einen großen Bereich des Halses abdeckt und auf der Quinte (5, D) endet. In dieser Linie gibt es keine chromatischen Noten. Hier sind die Formen:

Um diese Linie reibungslos zu spielen, musst du zwei schnelle Positionswechsel vornehmen, um zwischen den verschiedenen Bereichen auf dem Griffbrett zu wechseln. Spiele die erste Note des Licks am 5. Bund mit dem vierten Finger, dann wechsle nach oben, um die Note am 7. Bund ebenfalls mit dem vierten Finger zu spielen, und schon bist du in der richtigen Position.

**Beispiel 1c**

Als Nächstes folgt eine moderne Gypsy-Jazz-Linie, die chromatische Annäherungsnoten mit einem bluesigen Dur/Moll-Gefühl kombiniert. Die B-Note in Takt eins suggeriert die G-Blues-Skala, und ähnlich verhält es sich mit dem F in Takt zwei. Von der Mitte des zweiten Taktes bis zum Ende ist jede Durchgangsnote einen Halbtonschritt von einem Akkordton oder einer Erweiterung entfernt, so dass sich die Linie nie weit von der Harmonie entfernt.

**Beispiel 1d**

Wenn du Bebop gehört hast, insbesondere das Spiel von Charlie Parker, wirst du wahrscheinlich ähnliche Phrasen wie die im ersten Takt des nächsten Beispiels gehört haben. Hier gibt es eine Menge Durchgangsnoten, die alle auf Akkordtöne abzielen. Beachte, dass ab Takt zwei auf jedem ersten und dritten Schlag der Takte Gmaj7-Akkordtöne gespielt werden: Wir bewegen uns durch die 3, 7, 5, 3 und enden auf der 6 auf Schlag 1 von Takt vier.

Es ist zwar keine strikte Regel, aber die Akkordtöne auf den Abschlägen bilden eine gute Grundstruktur für deine Linien und geben den chromatischen Noten dazwischen einen Kontext. Das bedeutet, dass es trotz der vielen Chromatik immer so klingt, als würdest du über G-Dur spielen, auch wenn du unbegleitet bist.

Dies ist eine weitere Linie, die sich durch drei Akkordformen bewegt - die gleichen Formen wie in Beispiel 1b, aber in umgekehrter Reihenfolge. Die Linie endet auf einer E-Note, um einen G6-Klang anzudeuten. Dur-6 und Moll-6-Akkorde sind im Gypsy Jazz sehr häufig zu hören.

**Beispiel 1e**

Hier ist ein etwas anspruchsvolleres Lick, an dem du dir die Zähne ausbeißen kannst. Die Idee hinter dieser Linie ist, konsistente 1/8-Triolen über dem 4/4-Groove zu spielen, um ein Drei-über-Vier-Gefühl zu erzeugen. Das Lick beginnt mit einer ähnlichen Form wie in Beispiel 1c und geht dann von der ersten Saite bis zum G-Grundton auf der sechsten Saite zurück.

Um dieses Lick zu lernen, solltest du es zunächst ganz langsam spielen und darauf achten, dass die Positionswechsel reibungslos ablaufen. Unterteile die Linie in kleinere Zellen - z. B. Gruppen von sechs Noten - und lerne sie als einzelne Phrasen, bevor du sie alle zusammenfügst. Präge dir die ganze Linie ein, bevor du sie in vollem Tempo spielst.

**Beispiel 1f**

Hier ist eine Idee, die an die Art von absteigenden Läufen erinnert, die Django spielen würde. Hier gibt es nur eine chromatische Durchgangsnote, obwohl die Platzierung den Eindruck erweckt, dass es mehrere gibt. Kannst du sie erkennen? Es ist das F am Ende von Takt eins.

**Beispiel 1g**

Chromatische Durchgangsnoten werden in diesem Musikstil häufig verwendet, und zwar oft auf eine extravagante Weise, die die Aufmerksamkeit auf sie lenkt. Die letzten drei Licks in diesem Kapitel veranschaulichen diese Idee.

Diese erste Idee verwendet Durchgangsnoten, um einen dramatischen, schnellen absteigenden Lauf zu erzeugen. Auch hier wird er mit 1/8-Triolen gespielt, also unterteile ihn in Zellen, um ihn wie zuvor zu lernen. Ich spiele dieses Lick mit konsequentem Ab-Auf Alternate Picking (Wechselschlag). Beachte jedoch, dass ich immer dann, wenn fünf Noten auf einer Saite liegen, ein Pull-Off zwischen dem 1. Bund und der leeren Saite verwende.

**Beispiel 1h**

Die Idee hinter der nächsten Linie ist, auf einem starken Akkordton von G-Dur (3) zu beginnen und zu enden. Die Linie steigt die G-Saite aufwärts, wobei sie sich auf jeder Note verdoppelt und jeweils einen Halbtonschritt aufsteigt. Sobald wir den 12. Bund erreicht haben, kehrt sich das Muster um und es geht abwärts, bis wir den Akkordton auf dem ersten Schlag von Takt fünf erreichen. Auch hier spiele ich mit Alternate Picking, und dieses Lick dient auch als Übung, um die Genauigkeit des Pickings zu verbessern.

**Beispiel 1i**

Wenn sie in G-Dur spielen, nutzen Gypsy-Jazz-Solisten oft die offene G-Saite, um Pedalton-Licks zu spielen (bei denen eine Note durchgehend wiederholt wird und andere Noten dagegen gespielt werden). Vom 12. Bund aus geht die Linie in Halbtonschritten abwärts und endet auf der 3 (B) des Akkords.

**Beispiel 1j**

# Kapitel Zwei - D-Dur Licks

Wir werden unsere Bibliothek der Dur-Akkord-Ideen weiter ausbauen, indem wir einige Licks in der Tonart D-Dur lernen.

Zu den häufig in dieser Tonart gespielten Stücken aus dem Gypsy-Jazz-Repertoire gehören die allseits beliebten *Coquette, Daphne, Manoir de Mes Rêves* (auch bekannt als *Django's Castle*), *Belleville* und *Them There Eyes.*

Die übergeordnete D-Dur-Tonleiter enthält die Noten: D E F# G A B C#.

Achte auf die Noten, die in den folgenden Linien verwendet werden.

Diese erste Linie basiert auf der gebräuchlichen Dmaj7-Form in der 5. Position.

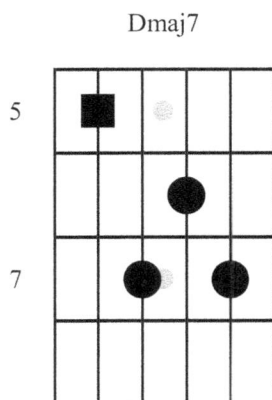

Dmaj7

Im ersten Takt sind die Durchgangsnoten, die auf die Akkordtöne abzielen, die 6 und die 9, also nahe dem *Vordergrund* der Harmonie. Die ersten chromatischen Noten erscheinen in Takt zwei, wo ein F zweimal verwendet wird, um die 3 (F#) von unten anzusteuern, und das farbige b6-Intervall (Bb) Teil eines kurzen chromatischen Abwärtslaufs ist.

**Beispiel 2a**

Nach einem schnellen Slide in die Position verwendet das nächste Lick diese Form für Dmaj7:

Dmaj7

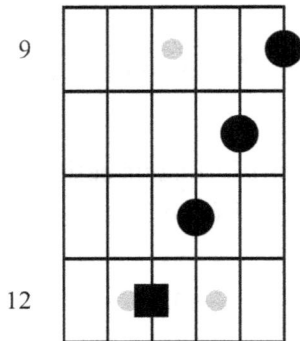

Bei dieser Form klingt es immer gut, wenn man die 9 (E) am 12. Bund der ersten Saite hinzufügt. Der letzte Takt dieses Licks enthält eine kleine Enclosure um die 3 (F#), bevor es auf der 5 (A) endet.

**Beispiel 2b**

Das nächste Lick ist eine kniffligere Linie, die eine Enclosure mit einem absteigenden Lauf kombiniert. Im Audiobeispiel spiele ich es schnell, aber lerne es langsam! Es ist die Art von Idee, die man sich einprägen muss, so dass die Form der Linie automatisiert wird. Erst dann solltest du dich darauf konzentrieren, sie auf die richtige Geschwindigkeit zu bringen.

Takt eins enthält ein typisches Vier-Noten-Enclosure-Muster, bei dem ein Skalenton über und ein Halbton unter jedem Zielakkordton liegt. Es ist der letzte Ton jeder Gruppe, der unser Ziel ist, so dass die Linie die Akkordtöne D, A und F# hervorhebt - ein einfacher D-Dur-Dreiklang.

In Takt zwei geht es nach einer einleitenden Note darum, in 1/8-Triolen abzusteigen und dabei die Dmaj7-Form aus Beispiel 2b zu verwenden. Chromatische C- und F-Noten helfen, die Lücken in der Abwärtsbewegung zu füllen.

## Beispiel 2c

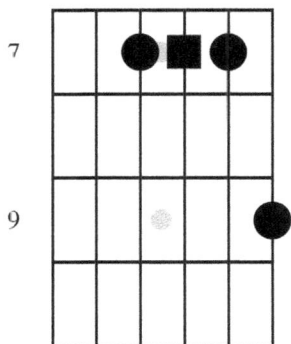

Hier ist eine weitere Linie, die auf der gleichen Form basiert. Sie enthält Elemente der Django- und Bebop-Chromatik. Am Ende des ersten Taktes spielen wir eine #11 (G#) Note direkt auf Schlag 4. Das G# erzeugt kurzzeitig einen Dmaj7#11 Sound.

## Beispiel 2d

Im nächsten Lick sind F und G# die chromatischen Noten der Wahl, um die Harmonie zu umweben. Zu Beginn des ersten Taktes visualisiere ich kurz diese Dmaj7-Umkehrung, um den Rahmen für die Notenauswahl festzulegen:

Dmaj7

In Takt vier wenden wir den Trick an, eine chromatische Note auf einen Abwärtsschlag zu setzen, um die Spannung zu erhöhen. Hier ist es die b6 (Bb), die sich unbedingt zur 5 (A) auflösen will.

**Beispiel 2e**

Als Nächstes folgt ein unverzichtbares Element des Gypsy-Jazz-Vokabulars: der chromatisch absteigende 1/8-Triolenlauf. Diese Linie basiert auf der Dmaj7-Umkehrung aus dem vorherigen Beispiel. Du wirst sofort feststellen, dass sie auf jeder Saite ein vorhersehbares Muster verwendet. In diesem Teil der Linie wird mit Alternate Picking gespielt (ab-auf, ab-auf) und die Noten sind Triolen. Daher landen wir bei jeder sechsten Note auf einem Abschlag auf einem Downbeat. Wenn wir in diesem Fall das Lick mit einem Aufschlag beginnen, sind die Abschläge das D am Anfang von Takt zwei, das G auf Schlag 3 von Takt zwei und das B am Anfang von Takt drei. Versuchen Sie, diese Noten etwas härter zu spielen, damit sie hervorstechen. Dadurch wird das triolische Swing-Gefühl noch stärker hervorgehoben.

In dieser Zeile werden auch zwei chromatische Durchgangsnoten eingeführt, die wir bisher nicht verwendet haben: Ab (b5) und Eb (b9).

**Beispiel 2f**

Hier ist eine aufsteigende Linie, die sich durch alle drei Formen bewegt, die wir verwendet haben, um einen größeren Bereich des Griffbretts abzudecken. Es ist nicht notwendig, jede Linie, die du spielst, mit Durchgangsnoten zu würzen. Hier sorgt die Bewegung der Linie selbst für genügend Interesse und Swing. Sie enthält nur eine chromatische Note, die #11 (G#), dieses Mal auf einem Off-Beat.

**Beispiel 2g**

Im Gegensatz zur vorigen Idee ist hier eine typische Linie, die Durchgangsnoten verwendet, um die Harmonie zu umweben. Dieses Mal denke ich an diese Dmaj7-Form:

**Beispiel 2h**

Hier ist ein weiteres Lick, das auf dieser Form basiert. Es beginnt mit einem schnellen Slide nach oben, um in Position zu kommen. In Takt zwei dürfen die chromatischen Noten b6, #11 und #5 alle auf die Abschläge fallen, was die Spannung, die in den Takten 3-4 aufgelöst wird, wirklich erhöht. Die Linie endet auf der 6 (B).

**Beispiel 2i**

Um dieses Kapitel abzurunden, hier ein einfaches, aber schnelles Lick, das mit einem Abwärtsslide von der 6 (B) beginnt. Die Linie basiert auf der untenstehenden Akkordform, die du vielleicht mit dem Grundton im 5. Bund spielst. Eine chromatische Annäherungsnote (C) zielt auf den C#-Akkordton ab, der auf Schlag 3 von Takt zwei liegt.

Dmaj7

**Beispiel 2j**

# Kapitel Drei - A-Moll-Licks

In diesem und dem folgenden Kapitel werden wir uns dem Moll-Akkord-Vokabular zuwenden. Es gibt Dutzende großartiger Gypsy-Jazz-Stücke in Moll, darunter der berühmteste aller Standards, *Minor Swing*. Dieses Stück ist als eine der charakteristischen Kompositionen von Django Reinhardt bekannt und wurde erstmals 1937 vom Quintett des Hot Club of France aufgenommen. Es erfreut sich nach wie vor großer Beliebtheit und ist ein Muss, das bei keiner Jamsession fehlen darf.

Ebenfalls häufig in A-Moll gespielt werden die Stücke *Joseph Joseph*, *Anniversary Song* und *Noto Swing*.

Die übergeordnete Tonart A-Moll enthält die Noten: A B C D E F G

Dies ist die A-Moll-Tonleiter. Im Gypsy Jazz ist es jedoch sehr üblich, auf Noten zurückzugreifen, die zur Harmonischen und Melodischen Molltonleiter gehören. Harmonisch-Moll hat eine erhöhte 7. Stufe (G#), und Melodisch-Moll hat eine erhöhte 6. und 7. Stufe

Wie in den vorangegangenen Kapiteln werden die Licks hier auf einer bestimmten Akkordform basieren, die ich mir vorstelle. Der Klang des kleinen Sext-Intervalls ist eines der charakteristischen Merkmale des Gypsy Jazz, und wenn du schon einmal einen Rhythmus in diesem Stil gespielt hast, wirst du wissen, dass Standards wie *Minor Swing* oft ausschließlich mit Moll 6-Akkorden gespielt werden.

Unser erstes A-Moll-Lick basiert auf dieser Am6-Form:

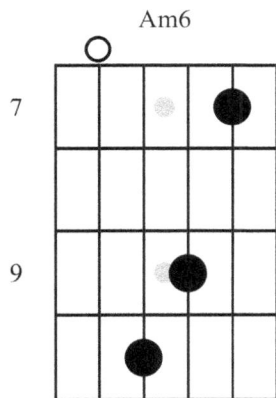

Takt zwei hebt das Am6-Arpeggio hervor. Beachte die G#-Note in Takt drei. Man kann sie als eine geliehene Note aus A Harmonisch Moll oder A Melodisch Moll betrachten, aber ich denke, es ist einfacher, sie einfach als eine große Septime zu betrachten, die auf dem Weg ist, sich mit etwas Hilfe der 5 (E) zur großen Sexte (F#) aufzulösen.

**Beispiel 3a**

Das nächste Beispiel zeigt eine typische Gypsy-Jazz-Bewegung: einen schnellen *Triolentriller*, der mit einem Hammer-On und Pull-Off ausgeführt wird. Auf der Audiospur hörst du, wie ich schnell zum hohen E auf der ersten Saite hinaufgleite und dann wieder hinuntergleite, um mit dem ersten Finger den 7. Bund zu spielen.

Du kannst in der 7. Position bleiben und den vierten Finger für Noten im 10. Bund verwenden, aber ich ziehe es vor, meinen ersten Finger in der 8. zu halten Ich benutze den ersten und dritten Finger, um den Hammer-On/Pull-Off zu spielen, und gleite dann in den 7. Bund. Ich finde, dass sich das Lick dadurch flüssiger anfühlt.

Für die Linie, die auf Schlag 3 von Takt zwei beginnt, denke ich an die Töne des A-Moll-Akkords mit dem Zusatz der großen 7, 9 und 11, die helfen, die Linie zu kreieren.

**Beispiel 3b**

Das nächste Lick kann als auf drei einfachen Am7-Akkordformen basierend betrachtet werden, aber die einzelne Durchgangsnote lässt die Harmonie viel reichhaltiger klingen. Das durchgängig verwendete G# impliziert einen Am(Maj)7-Klang.

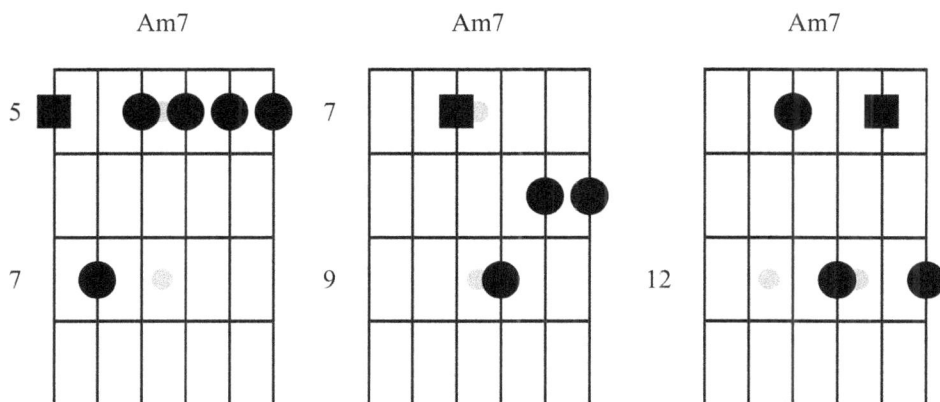

**Beispiel 3c**

Diesmal wird die G#-Note als eine Art Pedalton verwendet und ein D# (#11) als Durchgangsnote eingeführt. Wenn du dich irgendwann entscheidest, mit Tonleitern zu experimentieren, kommen diese beiden Noten natürlich in der ungarischen Molltonleiter (A B C D# E F G#) vor, die oft einfach als Gypsy-Molltonleiter bezeichnet wird.

**Beispiel 3d**

Hier ist eine klassische Gypsy-Jazz-Phrase, die schnell auf- und absteigt und mit einem charakteristischen Triller endet. Hier kannst du dir kleine A-Moll-Dreiklangsformen auf dem Griffbrett vorstellen (siehe unten), und das Lick ist um die beiden Formen herum aufgebaut.

Aufsteigend spiele ich Abschläge auf den C- und E-Noten in beiden Dreiklangsformen. Wenn man auf diese Weise durch die Saiten sweept, ist es wichtig, auf die Notentrennung und die rhythmische Genauigkeit zu achten. Oft führt die verbesserte Bewegungsökonomie des Sweep-Pickings dazu, dass man bei diesen Noten zu schnell wird. Um dies zu vermeiden, empfehle ich, so viel wie möglich mit einem Metronom oder einem Drumcomputer zu üben, da es schwierig sein kann, zu merken, dass man schneller (oder langsamer) wird, wenn man ohne rhythmische Hilfe spielt.

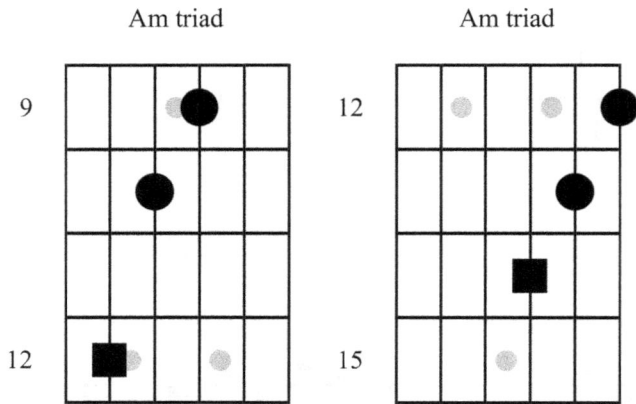

**Beispiel 3e**

Hier ist ein schnelleres, anspruchsvolleres Lick für dich. Ich bevorzuge es, diese Zeile nur mit dem ersten, zweiten und dritten Finger zu spielen, damit ich mehr Kraft für das Vibrato habe, und das erfordert mehrere Positionsslides, damit es flüssig wird.

Im ersten Takt haben wir eine G#-Note, die auf einen G-Akkordton abzielt, und ein D#, das auf ein D abzielt. Die Verwendung dieser Annäherungsnoten von einem halben Schritt unter den Akkordtönen ruft den ungarischen Mollklang hervor. Das Lick endet mit dem Spielen eines A-Moll-Dreiklangs.

**Beispiel 3f**

Das nächste Lick beginnt in der Am7-Form aus Beispiel 3b in der 5. Position. Zu Beginn des dritten Taktes hat es sich in die 10. Position verschoben und die ersten drei Noten bilden einen einfachen A-Moll-Dreiklang. Der Dreiklang dient als Ausgangspunkt für den chromatischen Abwärtslauf, der G# und D# Durchgangsnoten enthält.

Dieses Lick wird schnell gespielt, also bringe ich hier den vierten Finger ins Spiel, um die Dehnungen zu machen.

**Beispiel 3g**

Als Nächstes folgt ein einfaches, aber temperamentvolles Lick, das den Gypsy-Sound wirklich einfängt. Beachte am Ende des schnellen Hammer-On/Pull-Offs, dass das G# zur Betonung absichtlich auf einem Abschlag platziert ist. Die Auflösung zum A-Grundton erfolgt durch eine Enclosure.

**Beispiel 3h**

Das nächste Beispiel beginnt mit dem Aufsteigen der Intervalle 2, 3, 5, 7, 9 und 11 von A-Moll. Dann beginnt die Linie, das gleiche Muster eine Oktave höher aufzusteigen, aber bevor sie die 9 erreicht, weicht sie zur b3 ab. Die Noten für den Rest der Linie finden sich alle in der harmonischen Molltonleiter in A wieder.

Nachfolgend findest du einige Am7-Akkordformen in diesem Bereich des Griffbretts, damit du dir vorstellen kannst, wo die Akkordtöne liegen.

Spiele die Auftakt-Noten am 7. und 8. Bund mit dem ersten Finger und am 12. Bund mit dem vierten Finger, dann bist du in der richtigen Position für die Phrase im ersten Takt. Die Takte 2-3 sind nahe um die zweite Form herum angeordnet. Der Abwärtslauf in Takt drei verwendet die Farbtöne F (b6), D (11) und B (9) sowie das G# (große 7), was stark an den Klang der Harmonischen Molltonleiter in A erinnert.

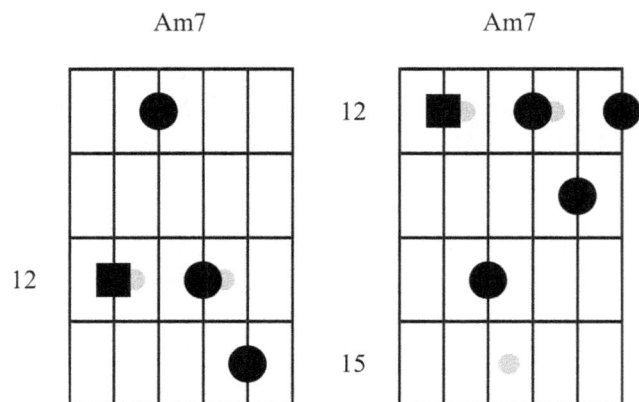

**Beispiel 3i**

Das letzte Lick dieses Kapitels ist beeindruckend, wenn man es erst einmal auf Tempo gebracht hat. Es besteht aus 1/8-Triolen, die auf einer Standard-Am6-Form in der 5. Position basieren. Den schnellen Slide am Anfang führe ich mit dem dritten Finger aus, so dass meine Hand für den Rest des Licks über der 5. Position schweben kann.

Erneut wird die G#-Spannungsnote verwendet - sowohl auf als auch außerhalb des Taktes. Die Linie endet auf einer B-Note, um einen Am9-Klang anzudeuten.

Dies ist ein schnelles Lick, das du dir gut einprägen solltest, bevor du es in vollem Tempo ausprobierst.

**Beispiel 3j**

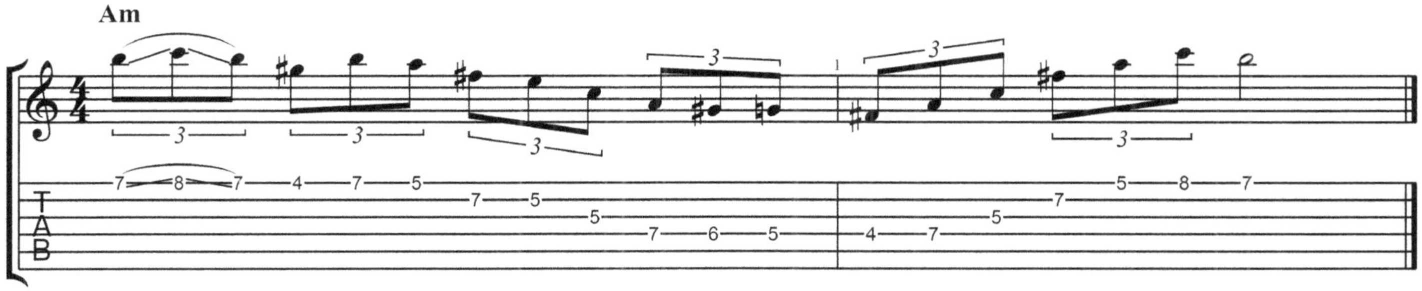

# Kapitel Vier - D-Moll Licks

Natürlich gibt es Gypsy-Jazz-Stücke in vielen verschiedenen Moll-Tonarten, aber es ist nützlich, mit der Tonart D-Moll vertraut zu sein. Die Klassiker *Dark Eyes* (das von allen Gypsy Jazz-Größen mehrfach aufgenommen wurde) und *Bossa Dorado* stehen in dieser Tonart.

Weitere beliebte Standards in D-Moll sind *Bernie's Tune, In A Sentimental Mood, I've Found a New Baby* (das zwischen D-Moll und F-Dur wechselt) und John Coltranes *Impressions*.

Natürlich ist D-Moll auch der IV-Akkord in der Melodie *Minor Swing*, so dass es sehr nützlich ist, ein gutes Repertoire an D-Moll-Licks zur Verfügung zu haben.

In diesem Kapitel gehen wir von der dorischen Tonleiter als übergeordneter Skala aus, die folgende Noten enthält: D E F G A B C.

Wie wir im vorigen Kapitel gesehen haben, leiht sich das Vokabular des Gypsy Jazz auch G#- und C#-Noten aus der D-Gypsy-Moll-Skala, aber wir betrachten diese als chromatische Durchgangsnoten um unsere grundlegenden Akkordformen.

Das erste Lick in diesem Kapitel ist eine aufsteigende Linie mit Positionsverschiebung, die auf diesen D-Moll-Formen basiert:

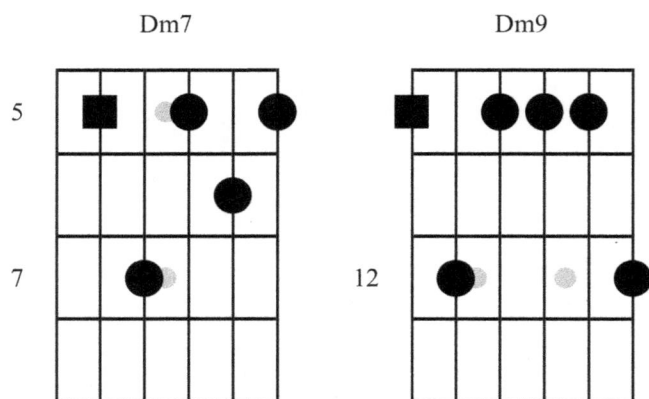

Die Verwendung einer C#-Durchgangsnote zaubert den Gypsy-Moll-Sound hervor. Dies ist ein schneller Lauf, also übe die Positionsverschiebungen der Greifhand, bevor du das Tempo steigerst.

**Beispiel 4a**

Hier ist eine weitere Idee, die auf der obigen Dm9-Akkordform basiert. Hier wird eine neue Durchgangsnote eingeführt, Eb (b9). Ebenfalls zweimal kommt die Idee vor, Bb zu verwenden, um sich der B-Note von einem Halbtonschritt tiefer zu nähern. Dies unterstreicht den Klang eines Dm6-Akkords (D F A B). Das Lick endet auf einer G-Note, um einen Dm11-Akkord anzudeuten.

**Beispiel 4b**

Auch die folgende Idee basiert auf der Moll-9-Form. Die große Septime (C#) wird im ersten Takt zweimal als eine Art chromatischer Pedalton verwendet.

**Beispiel 4c**

Die nächste Linie basiert auf einer Dm7-Form in der 12. Position. Die Linie umspielt die Harmonie mit einer chromatischen Durchgangsnote Gb, die sich nach F (b3) auflöst. In Takt zwei dient die offene D-Saite als Pedalton.

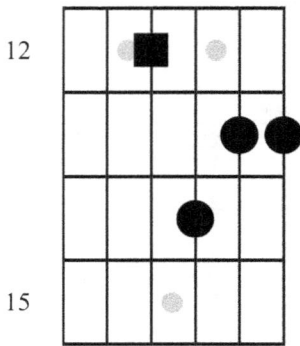

Dm7

**Beispiel 4d**

Hier ist eine weitere Pedalton-Idee in der gleichen Zone des Griffbretts. Die Legato-Phrase auf der zweiten Saite bleibt jedes Mal die gleiche, während auf der ersten Saite unterschiedliche Akkordtöne betont werden. Benutze den ersten Finger am 10. Bund der zweiten Saite als Anker, spiele mit dem zweiten Finger das Hammer-On und lasse dann den ersten Finger hin und her gleiten. Spiele die Töne auf der ersten Saite mit dem zweiten Finger.

**Beispiel 4e**

Hier ist ein Jazz-Lick, das du vielleicht kennst. Es basiert auf einem Dm9-Arpeggio und spielt die gleiche Phrase in zwei Oktaven. Das erinnert an etwas, das Wes Montgomery spielen würde, und wird heute oft im „Modern Manouche"-Stil gespielt. Die Phrasen heben das Dm9-Arpeggio mit vier Noten hervor, das auf der 9 beginnt und über die 7, 5, 3 und zurück zur 9 in der unteren Oktave absteigt. Der aufsteigende Teil des Licks ist ebenfalls ein Dm9-Arpeggio, das auf dem b3 beginnt.

**Beispiel 4f**

In der nächsten Linie kommt ein kleiner Trick zum Einsatz, den du auf Moll-Akkorde anwenden kannst. Wenn du diese Phrase, die sich über die Takte 1-2 erstreckt, lernst, erkennst du die Formen, die du spielst, vielleicht als die Dreiklangsformen in A-Moll, die bereits in Beispiel 3d verwendet wurden (A-Moll ist der Akkord V in der Tonart D-Moll und es funktioniert, ein Arpeggio über das andere zu legen).

**Beispiel 4g**

Beispiel 4h basiert für den größten Teil des Licks auf der Dm-Form in der fünften Position. Es beginnt mit einer Enclosure-Phrase im Auftakt, die auf die 5 (A) abzielt. Der absteigende Teil dieses Licks suggeriert den Klang der Harmonischen Molltonleiter in D, bevor es sich umkehrt und als Dm9-Arpeggio aufsteigt.

**Beispiel 4h**

Django verwendete in seinem Spiel häufig chromatische Läufe, und diese Idee hat sich in der Geschichte des Gypsy Jazz fortgesetzt. Lange chromatische Läufe werden oft verwendet, um Aufmerksamkeit zu erregen und sie werden meist sehr schnell gespielt. Virtuose Spieler, wie Biréli Lagrène, können diese langen Linien mühelos spielen.

Dies ist kein rein chromatischer Lauf, da einige Noten weggelassen werden. Die Idee hinter diesem Lick ist, dass man mit einer aufsteigenden D-Moll-Skala beginnt und in einen chromatischen Lauf übergeht, der sich dann umdreht und wieder zur D-Note absteigt. Die D-Moll-Noten am Anfang des Laufs helfen dabei, die Harmonie ein wenig mehr aufzubauen als bei einem reinen chromatischen Lauf, so dass es auch dann, wenn er ohne Begleitung gespielt wird, so klingt, als würde man D-Moll spielen.

**Beispiel 4i**

Zum Abschluss dieses Kapitels gibt es ein mittelschnelles, swingendes Lick, das hauptsächlich auf der Dm9-Akkordform in der 10. Position basiert. Achten auf die subtilen Positionsverschiebungen der Greifhand mit Hilfe von Slides, während deine Hand den Hals hinaufkriecht.

**Beispiel 4j**

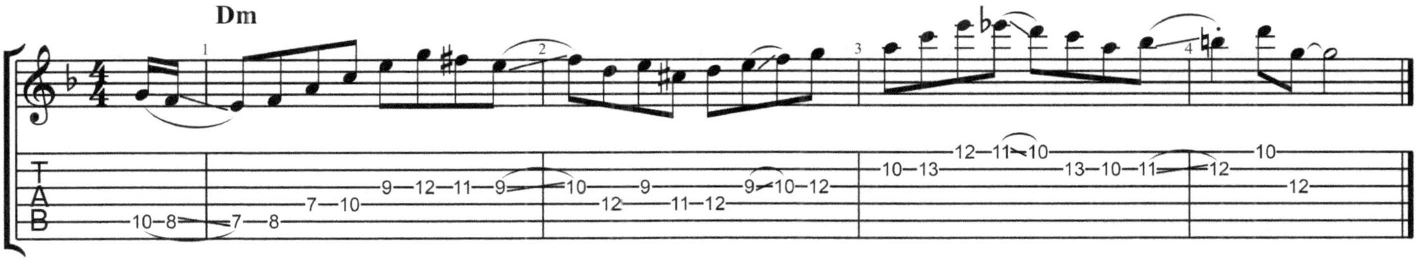

# Kapitel Fünf - Dominant 7 Licks

Als Nächstes befassen wir uns mit einigen statischen Dominantakkord-Licks. In diesem und dem nächsten Kapitel werden wir Vokabeln erforschen, die auf A7- und E7-Akkorden basieren. Im Gypsy Jazz kann sich ein A7-Akkord nach D-Dur *oder* D-Moll auflösen, so dass die hier gelernten Lines in zwei Kontexten eingesetzt werden können.

Ich habe absichtlich Dominantakkorde gewählt, die in der Mitte des Gitarrenhalses liegen, so dass du diese Licks leicht nach oben oder unten transponieren kannst, um sie in anderen Tonarten zu spielen. Wenn ein Lick keine offenen Saiten enthält, kannst du es zum Beispiel um einen Ganztonschritt nach unten transponieren, um es über G7 zu spielen (was sich nach C-Dur/C-Moll auflöst), oder um einen Ganztonschritt nach oben, um es über B7 zu spielen (was sich nach E-Dur/E-Moll auflöst). Damit hast du sechs Verwendungsmöglichkeiten für ein Lick, ohne dass es zu viel Mühe macht. (Natürlich kannst du dich auch in Halbtonschritten bewegen!)

Die Beispiele in diesem Kapitel stehen in der Tonart D-Dur, so dass wir den A7 als V-Akkord betrachten.

In diesem Zusammenhang ist unsere übergeordnete Skala A Mixolydisch, die die Noten A B C# D E F# G enthält (wie eine D-Dur-Tonleiter, die auf A beginnt und endet).

Beginnen wir mit einem Dominant-7-Lick, das auf der folgenden gebräuchlichen Form basiert:

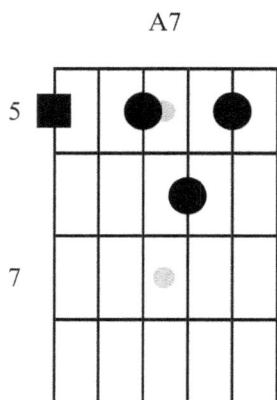

Im ersten Takt wird der Grundton einen Halbton tiefer angeschlagen, und chromatische Noten füllen die Lücken zwischen den Akkordtönen beim Abstieg. Es ist ein einfaches, aber sehr effektives Lick, und es klingt immer cool, auf der Terz (3) über einem Dominant-7-Akkord zu enden.

## Beispiel 5a

Hier ist eine weitere Linie, die auf dieser Akkordform basiert. Spiele den ersten Takt isoliert und du wirst diese Phrase erkennen. Wir haben nur eine chromatische Durchgangsnote (Gb) hinzugefügt - der Rest sind Akkordtöne - aber die Einbeziehung der chromatischen Note ermöglicht es uns, ein vermindertes Sept-Arpeggio-Muster zu erzeugen. Ein verminderter Lauf, der mit der 3 eines Dominant-7-Akkords (C# über einem A7-Akkord) beginnt, erzeugt einen A7b9-Klang.

In Takt zwei wird die Linie ein wenig bluesiger. Nach einem chromatischen Abwärtslauf ist die letzte Note in Takt zwei der Beginn eines Enclosure-Licks, das auf die 3 (C#) von A7 abzielt. Zum Schluss gibt es eine überraschende Note auf der offenen Saite, und der Akkordton b7 (G) wird von einem Halbtonschritt darüber angegangen, um zu enden.

## Beispiel 5b

Hier ist ein weiterer schneller Lauf, der mit demselben verminderten aufsteigenden Muster beginnt. Diesmal ist der Rhythmus jedoch in 1/8-Triolen unterteilt, so dass du vielleicht etwas langsamer beginnen und dich allmählich an das Tempo heranarbeiten musst.

**Beispiel 5c**

Das nächste Lick ist eine herausfordernde Linie, die auf der gleichen Grundakkordform basiert. Auch hier handelt es sich um einen 1/8-Noten-Triolenlauf. Achte auf den Saitensprung am Ende von Takt eins. Die Verwendung der B-Note in dieser Linie deutet auf einen alterierten Dominant-Sound, A7b9 (A C# E G Bb), hin.

**Beispiel 5d**

Das nächste Beispiel basiert auf einer A7-Form in der 12. Position. Die aufsteigenden Teile dieses Licks skizzieren einen A7b9-Sound. Der absteigende Teil verwendet Durchgangsnoten, die den Klang der alterierten Skala in A (A, Bb, C, Db, Eb, F, G) andeuten, beginnend mit dem Eb (b5) auf Schlag 1 von Takt 2.

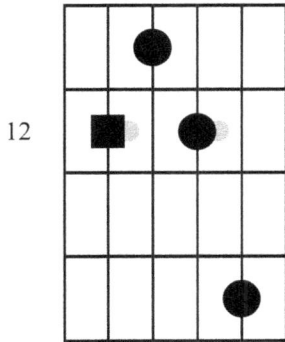

A7

**Beispiel 5e**

Im Jazz gibt es die Idee der *verzögerten Auflösung*. Mit anderen Worten, wir halten uns so lange wie möglich zurück, bevor wir zum „Heimat"-Sound des Akkords zurückkehren, über den wir spielen. Hier ist ein Lick, das dies tut und auf derselben Akkordform basiert. Obwohl es in diesem Lauf viele Akkordtöne gibt, gibt es ebenso viele chromatische Durchgangsnoten, so dass es sich anfühlt, als käme das Lick erst bei der allerletzten Note an.

Auch hier handelt es sich um einen stilistisch authentischen Triolenlauf im 1/8-Takt, der schwierig zu spielen ist, wenn man chromatische Patterns mit vier Noten pro Saite spielen muss. Beginne wie zuvor langsam und arbeite dich allmählich an das Tempo heran.

**Beispiel 5f**

Als Nächstes folgt eine Linie mit Swing, die um diese A7-Form in der 7. Position beginnt:

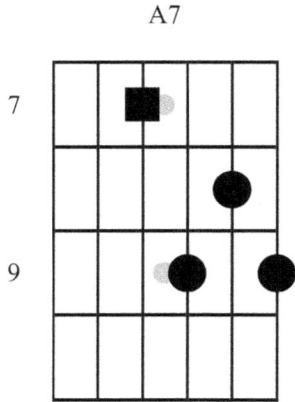

**Beispiel 5g**

Die nächste Zeile beginnt mit einer einfachen Idee, die sofort an den Sound des Gypsy Jazz erinnert. Es ist die Idee, einen Akkordton mit Noten zu umschließen, die nur einen halben Schritt darüber und darunter liegen. Beachte, dass wir die Linie zwar mit dem Grundton A beginnen, dieser aber im Auftakt gespielt wird, sodass das chromatische G# auf Schlag 1 fällt, um Spannung zu erzeugen.

In Takt drei arbeiten wir mit der A7-Form aus Beispiel 5d. Die B-Note taucht in dieser Zeile wieder auf, um den A7b9-Klang zu erzeugen, der so tief in der Jazzharmonik verwurzelt ist.

**Beispiel 5h**

Hier ist eine weitere klassische Gypsy-Jazz-Phrase, die einen Bend enthält. Im Gegensatz zum Blues, wo es üblich ist, Noten zur großen Terz oder Quinte zu benden, um den charakteristischen Dur/Moll-Sound zu erreichen, trifft man im Gypsy Jazz oft auf Halbtonschritte, die auf die b7 zielen, wie hier.

Beachte, dass nach drei schnellen 1/8-Triolen der Bend, der über die Taktlinie hinaus gehalten wird, den Rhythmus wirklich aufbricht und einen Kontrast zu den schnelleren Noten davor bildet.

**Beispiel 5i**

Zum Abschluss dieses Kapitels gibt es noch ein interessantes Inside/Outside-Lick, das du ausprobieren kannst.

Das Lick beginnt mit einem einfachen A-Dur-Dreiklang auf den ersten drei Saiten. Diese Form wird dann angepasst, indem die Note auf der ersten Saite um einen Halbtonschritt gesenkt wird. Die neue Bb-Note erzeugt einen A7b9-Klang. Du kannst dir diese modifizierte Form als die obersten Noten der verminderten Akkordform unten vorstellen. Füge einfach einen A-Grundton zu dieser Form hinzu, und schon hast du deinen A7b9-Akkord.

Es ist die gleiche Idee, die wir schon früher gesehen haben: Wir können verminderte Arpeggien auf der 3 eines Dominant-7-Akkords aufbauen, z.B. von C# über einem A7-Akkord.

Die nächste Form, die auf Schlag 3 des ersten Taktes beginnt, ist ein A7-Fragment. Wir modifizieren diese Form dann auf dieselbe Weise wie zuvor, und hier klingt sie am stärksten „außerhalb" *(outside)* der Harmonie, da durch das Absenken der obersten Note um einen Halbtonschritt ein A7#9 entsteht (das in dieser Umkehrung die gleichen Noten wie Am7 hat).

Die Form am Anfang des zweiten Taktes ergibt A7b9. Das Absenken der obersten Note führt zu einem A7b5b9-Klang. Die Linie endet mit der Auflösung zum „sicheren" Akkordton b7 (G).

Das Interessante an diesem Lick ist, dass alle Noten in der verminderten A-Halbton-Ganzton-Leiter zu finden sind.

Dies ist eine schnelle Linie und es ist wichtig, ein gleichmäßiges Picking-Muster zu erreichen. Die Picking-Richtungen sind in der TAB unten angegeben. Beginne, indem du die erste Saite mit einem Aufschlag anschlägst und dann in einer fließenden Bewegung die Saiten von der dritten bis zur ersten Saite abwärts anschlägst.

**Beispiel 5j**

# Kapitel Sechs - E-Dominant 7 Licks

Als Nächstes beschäftigen wir uns mit einer Sammlung von melodischen Ideen, die über einem E7-Akkord funktionieren. Wie wir im vorigen Kapitel gesehen haben, kann sich ein E7 nach A-Dur *oder* A-Moll auflösen. Es ist besonders nützlich, einige gute E7-Ideen in petto zu haben, um diesen Akkord zu skizzieren, wenn man über *Minor Swing* spielt. Zusammen mit den Kapiteln über A-Moll und D-Moll hast du nun ein gutes Vokabular für das gesamte Stück.

Denke daran, dass du alle Ideen, die nicht auf offenen Saiten beruhen, nach oben oder unten transponieren können, um sie in andere Tonarten zu übertragen. Wenn du diese Ideen um einen Ganztonschritt nach unten verschiebst, kannst du sie über D7 spielen, was sich nach G-Dur/ G-Moll auflöst, usw.

Die Licks in diesem Kapitel stehen in der Tonart A-Moll.

Für dieses erste Lick kannst du dir diese E7-Akkordform vorstellen:

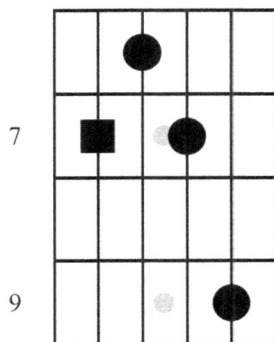

Es beginnt mit der im vorigen Kapitel verwendeten Idee, den Grundton mit Annäherungnoten von einem Halbtonschritt darüber und darunter anzusteuern.

Auf der „4und" des ersten Taktes verwendet die aufsteigende Linie die in Kapitel fünf besprochene verminderte Idee: ein vermindertes 7-Arpeggio von der 3 von E7 (G#). Dieser Lauf endet auf der D-Note auf der ersten Saite in der Mitte des zweiten Taktes. Beachte, dass er alle E7-Akkordtöne außer der F-Note enthält. Diese Note erzeugt den Klang von E7b9.

**Beispiel 6a**

Hier ist eine herausfordernde triolische Idee für dich, die auf derselben E7-Form basiert. Nachdem wir in der ersten Triole den Grundton von unten angepeilt haben, haben wir denselben verminderten aufsteigenden Lauf, der dann in eine andere Richtung absteigt.

Nach einem chromatischen Abstieg wiederholt die Linie die aufsteigende Linie vom Anfang, löst sich aber dieses Mal zu einem hohen E-Grundton auf.

**Beispiel 6b**

Hier ist ein weiteres Lick, das dieselbe Form verwendet und die E7-Harmonie schön umspielt.

**Beispiel 6c**

Als Nächstes folgt ein Lick mit „doppeltem Abstieg", das du über diese sehr verbreitete Dominante-7-Form verwenden kannst. Es verwendet nur eine chromatische Durchgangsnote (D#).

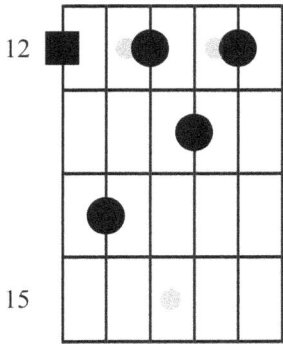

E7

**Beispiel 6d**

E7

Wenn du schon einmal mit verminderten Akkorden experimentiert hast, hast du vielleicht entdeckt, dass sie in kleinen Terzen auf dem Griffbrett bewegt werden können (ein Abstand von vier Bünden), und das ist die Idee, die hinter dem nächsten Lick steckt.

Takt eins beginnt mit einem verminderten aufsteigenden Lauf. Wenn du den 10. Bund erreichst, hältst du die kleine dreistimmige Akkordform gegriffen. Diese drei Noten sind der obere Teil eines E7b9-Akkords. Du wirst diese Form in kleinen Terzen den Hals auf und ab bewegen.

Spiele die Noten der ersten Saite mit einem Aufschlag und gleite dann mit einer gleichmäßigen Bewegung von der dritten bis zur ersten Saite, um den Rest jeder Form zu spielen. Dieses Beispiel wird recht schnell gespielt, daher solltest du deine Spielhand zunächst mit einer langsameren Geschwindigkeit trainieren, bevor du das Tempo erhöhst.

**Beispiel 6e**

Hier ist ein Lick, das auf der E7-Form aus Beispiel 6d basiert. Es hat ein paar Drehungen und Wendungen, also übe es langsam, um die Position deiner Greifhand zu trainieren, bevor du es in vollem Tempo versuchst.

**Beispiel 6f**

Als Nächstes folgt ein kurzes, schnelles Django-mäßiges Lick, das sich gut mit der Akkordform aus Beispiel 6a kombinieren lässt. Die hier verwendeten Noten F#, A und C# sind die 9, 11 bzw. 13 Intervalle von E7. Zusammen implizieren sie den Klang von E13.

**Beispiel 6g**

Nach diesem einfachen Lick kommt hier eine viel längere Idee, die auch als Übung für das Picking dienen kann. Sie dreht sich um den bekannten offenen E7-Akkord, der in dieser Form wahrscheinlich einer der ersten Gitarrenakkorde war, die du gelernt hast.

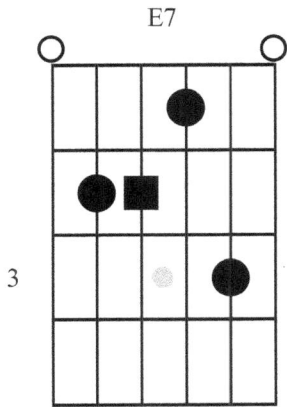

Das Lick nutzt so viele der verfügbaren Noten um diese Form herum wie möglich! Wir werden uns nicht damit aufhalten, was hier harmonisch passiert, denn dies ist eine Linie, die einfach schnell gespielt werden soll, mit dem Ziel, den Grundton auf dem Abschlag zu treffen. Der Akkord, der am Ende gespielt wird, ist ein E7b13.

**Beispiel 6h**

Um dieses Kapitel abzurunden, kommen hier zwei Licks, die charakteristische Gypsy-Jazz-Halbton-Bends verwenden. In diesem ersten wird die F-Note am Ende des ersten Taktes zu F# gebendet - die b9 zur 9 vor E7.

**Beispiel 6i**

In diesem letzten Beispiel ist der Bend von Bb zu B am Anfang die b5 zur 5. An beiden Beispielen kannst du sehen, dass es sehr effektiv ist, einen Ton von außerhalb (outside) der Harmonie zu nehmen und ihn nach innen (inside) zu benden, um Spannung und Auflösung zu erzeugen. Diese Art von Bends sind etwas, das man oft bei Django Reinhardt hört.

**Beispiel 6j**

# Kapitel Sieben - ii V I in G-Dur Licks

Jetzt ist es an der Zeit, alles, was wir gelernt haben, zusammenzufassen. Wir haben eine Sammlung von Licks durchgearbeitet, die du über statische Akkorde spielen kannst, und in den nächsten vier Kapiteln werden wir eine Reihe von Licks erforschen, die über die häufigste Progression im Gypsy Jazz funktionieren - die ii V I-Sequenz.

In diesem und dem nächsten Kapitel befassen wir uns mit der Dur-ii-V-I-Progression und in den letzten beiden Kapiteln mit der Moll-ii-V-I. Wenn du dir ein gutes Vokabular für diese beiden Progressionen aneignest, wirst du zu einem großen Teil des Gypsy-Jazz-Repertoires etwas beizutragen haben, denn fast jedes Stück verwendet diese Kadenzen.

Den Anfang machen ii V I Licks in der Tonart G-Dur.

Ich werde in diesen letzten Kapiteln nicht jedes Lick im Detail erklären, sondern nur die interessanten Punkte hervorheben. Ich werde jedoch dieses erste Lick detailliert für dich aufschlüsseln, um dich an den Prozess zu erinnern, den wir zur Erstellung dieser Linien verwenden.

Stell dir vor, du siehst die Akkordfolge Am7 - D7 - Gmaj7 auf einem Leadsheet. Du könntest sie mit den untenstehenden Akkordformen spielen. Ich habe mich für eine G-Dur-Umkehrung entschieden, um alle drei Akkorde im gleichen Bereich des Halses zu halten.

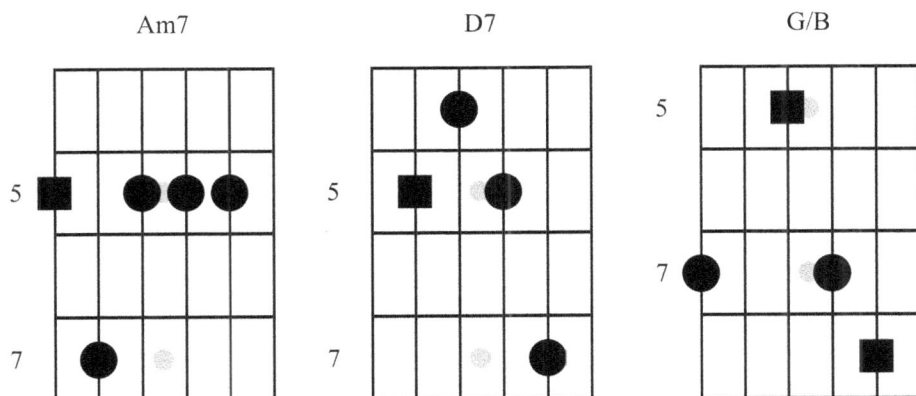

Am7          D7          G/B

Stell dir diese Akkordformen vor, während du langsam durch dieses erste Lick spielst. Achte darauf, wo sich die starken Akkordtöne für jeden Akkord befinden und welche Durchgangsnoten, die die Form umgeben, verwendet werden. Bei den restlichen Beispielen werde ich die Akkordformen nicht aufzeigen - ich überlasse es dir, die logischsten Formen herauszufinden. Denke daran, dass wir nur Durchgangsnoten spielen wollen, die relativ leicht zu erreichen sind, innerhalb einer Zone von fünf oder sechs Bünden.

**Beispiel 7a**

In diesem Beispiel in höherer Lage deutet die durchlaufende Eb-Note in Takt eins an, dass der zugrunde liegende Akkord ein bunterer Am7b5 sein könnte. Beachte die Enclosure über dem D7-Akkord in Takt zwei.

**Beispiel 7b**

Im nächsten Beispiel verwenden wir, nachdem wir den Am7-Akkord einfach skizziert haben, die Idee der verminderten 7 über dem D7-Akkord und beginnen die Linie auf dessen 3. Beachte, wie die D7- und die Gmaj7-Linie ineinander übergehen; der chromatische Aufstieg zu Beginn von Takt drei landet auf der 3 des Gmaj7.

**Beispiel 7c**

In der nächsten Linie erzeugt eine C-Durchgangsnote in Verbindung mit dem G#-Akkordton ein melodisches Moll-Lick über dem Am7-Akkord.

**Beispiel 7d**

Das nächste Lick verwendet einige schnelle Triller zusammen mit etwas Chromatik, um sich durch die Wechsel zu schlängeln. Auf der „3und" von Takt 2 benutze ich meinen vierten Finger, da er mir hilft, zur nächsten Note am 2. Bund zu wechseln.

**Beispiel 7e**

Die folgende Linie ist größtenteils in 1/8-Triolen organisiert, und es bedarf einer guten Koordination von Greif- und Spielhand, um sie bei vollem Tempo flüssig klingen zu lassen. Du wirst den verminderten Klang über dem D7-Akkord erkennen. Ich halte meine Hand in der 5. Position und strecke mich, um mit dem vierten Finger den 10. Bund zu erreichen.

**Beispiel 7f**

Hier ist eine weitere triolische Idee, die sorgfältige Übung erfordert, um reibungslos und schnell gespielt zu werden. Die Idee hinter dieser Linie war es, chromatische Durchgangsnoten zum Abstieg zu verwenden, um das Ziel des G-Grundtons in Takt drei zu erreichen.

**Beispiel 7g**

In dieser Linie wird die Harmonie der Am7- und D7-Akkorde durch Durchgangsnoten aufgepeppt.

**Beispiel 7h**

Hier ist eine Möglichkeit, über den Am7-Akkord zu spielen, die einen größeren Bereich des Halses abdeckt. Der D7-Akkord wird dann in Position gespielt, und ein Enclosure-Lick zielt auf den G-Grundton am Ende.

**Beispiel 7i**

Für dieses letzte Lick, das auf die 3 (B) von Gmaj7 abzielt, werden einige weitere Dehnungen der Greifhand verwendet.

**Beispiel 7j**

# Kapitel Acht - ii V I in D-Dur Licks

Als nächstes folgt eine Sammlung von Licks, die auf der ii-V-I-Progression in D-Dur (Em7 - A7 - Dmaj7) basieren. Denke daran, dass die meisten dieser Licks leicht nach oben oder unten transponiert werden können, um sie in anderen Tonarten zu spielen.

Die Annäherung an den Grundton eines Moll-Akkords von einem Halbtonschritt darunter ist im Gypsy Jazz sehr verbreitet und erinnert an den Klang der melodischen Molltonleiter (die siebte Stufe der melodischen Molltonleiter liegt immer einen Halbtonschritt unterhalb des Grundtons).

**Beispiel 8a**

Hier ist wieder derselbe Klang. Bei den letzten vier Noten des Em7-Taktes steige ich ein Em9-Arpeggio auf. Für die letzten vier Noten des A7-Taktes verwende ich die Intervalle #9, b9, #5 und 7. Diese Noten klingen etwas „outside" und lösen sich schön zum Dmaj7 auf. (Diese vier Noten sind alle in der alterierten Skala in A zu finden).

**Beispiel 8b**

Im nächsten Lick wird wieder eine Bb-Note verwendet, um A7b9 anzudeuten, und sie wird bis zum Ende des zweiten Taktes belassen, so dass sie sich sofort zur 5 (A) des Dmaj7 auflöst.

**Beispiel 8c**

Als Nächstes folgt eine motivbasierte Linie. Jazzmusiker spielen oft eine Phrase, die dann wiederholt, aber an den nächsten Akkord angepasst wird - eine Idee, die den improvisierten Linien Kontinuität verleiht. Hier wird das Motiv nach oben verschoben und so angepasst, dass es über A7 funktioniert.

**Beispiel 8d**

Die nächste Linie beginnt mit einer einfachen Enclosure-Idee, die auf den E-Grundton abzielt. In Takt zwei hebt die chromatisch absteigende Idee alterierte und erweiterte Noten über dem A7-Akkord hervor, insbesondere die b5 (Eb) für einen A7b5-Klang.

**Beispiel 8e**

Hier ist eine 1/8-Triolenlinie, die sich durch die Progression bewegt und jede Akkordform um die 5. Position herum visualisiert.

**Beispiel 8f**

Die Verwendung von F#- und D#-Durchgangsnoten um den E-Grundton zu Beginn dieses Licks beschwört den Klang der melodischen Molltonleiter E herauf, während die Bb-Note in Takt zwei einen A7b9-Akkord impliziert.

**Beispiel 8g**

Dieses Lick umreißt die Akkorde recht einfach, mischt aber die Rhythmen, um die Sache interessant zu halten.

**Beispiel 8h**

Die nächste Idee konzentriert sich auf den A7-Akkord mit einer ausgefeilteren Idee und bricht erneut den Rhythmus der Linie auf, indem ein Takt mit schnellen 1/8-Triolen zwischen Takten mit geraden 1/8-Noten eingeschoben wird. Ich stelle mir hier eine einfache A7-Akkordform in der 5. Position vor, aber die Durchgangsnoten in diesem Lick erzeugen alle alterierten Dominantklänge: b5, #5, b9, #9.

**Beispiel 8i**

Zum Schluss noch eine weitere triolische Idee, bei der die Chromatik ausgiebig genutzt wird.

**Beispiel 8j**

# Kapitel Neun - ii V i in A-Moll Licks

In den letzten beiden Kapiteln widmen wir uns der zweithäufigsten Akkordfolge, die in dieser Art von Musik vorkommt: Moll-ii-V-i.

Alle Licks in diesem Kapitel stehen in der Tonart A-Moll, die Sequenz ii V i ist also Bm7b5 - E7 - Am7. Wir betrachten den 7b5-Moll-Akkord in diesem Buch nicht isoliert, da es extrem selten vorkommt, dass man im Gypsy Jazz ein Solo über mehrere Takte dieses Akkords spielen muss. Wir werden jedoch genau dieselbe Denkweise wie zuvor anwenden und m7b5-Linien um häufig gespielte Akkordformen herum aufbauen, wobei wir uns auf die sie umgebenden Durchgangsnoten stützen. Ich werde einige der Ideen besprechen, die ich dabei verwendet habe.

Bei diesem ersten Lick denke ich an die Moll-7b5-Form. Bm7b5 hat die Noten B (Grundton), D (b3), F (b5), A (b7). Beachte, wo sich die sicheren Intervalle im Verhältnis zum Grundton befinden. Im ersten Takt wird eine einzelne Durchgangsnote hinzugefügt, und die Linie zielt auf die 3 des E7-Akkords im zweiten Takt.

Wende bei der letzten Note dieses Licks ein breites Vibrato an.

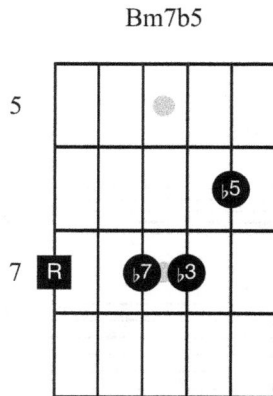

**Beispiel 9a**

Das nächste Lick könnte auf der vorherigen oder dieser Form basieren:

Bm7b5

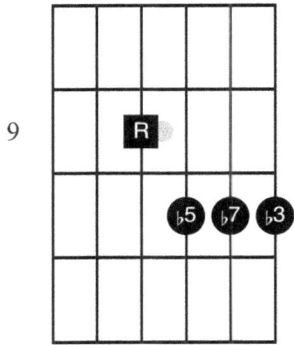

Nach der Auftakt-Annäherungsnote beginnt dieses Lick auf der b5 von Bm7b5. Zweimal im ersten Takt haben wir eine C-Durchgangsnote, die einen reicheren Bm7b5b9-Akkord andeutet.

**Beispiel 9b**

Ein nützlicher Trick beim Spielen über Bm7b5 ist, sich die Noten eines Dm6-Akkords vorzustellen. Beide Akkorde enthalten identische Noten: Bm7b5 (B D F A); Dm6 (D F A B).

In der Tonart A-Moll ist Bm7b5 der ii-Akkord und Dm7 der iv-Akkord. Es ist üblich, die ii durch die iv zu ersetzen, und du kannst Variationen von D-Moll verwenden (m7, m6 und m9 sind Optionen).

So stelle ich mir den Beginn des nächsten Licks vor. Beachte, dass die ersten fünf Noten im Wesentlichen ein Dm9-Arpeggio sind.

Dieser Trick, ii und iv Akkorde gemeinsam zu visualisieren, kann sehr nützlich sein, um deine Karte des Griffbretts zu erweitern und er kann auch in einer Dur-Tonart funktionieren. Zum Beispiel enthalten Dm7 und F6 (die Akkorde ii und iv in der Tonart C-Dur) genau dieselben vier Noten D, F, C und A.

**Beispiel 9c**

Das nächste Lick beginnt auf der Grundlage dieser Akkordform:

Hier ist eine Linie, bei der ich mehr an die Skala gedacht habe. Die Noten stammen aus der B-Ganzton-Halbton-Skala (B, C#, D, E, F, G, G#, A#). Diese Skala enthält alle Akkordtöne von Bm7b5 mit Ausnahme von A (b5). Stattdessen enthält sie die Töne G# und A#, aber wenn wir diese als Annäherungsnoten behandeln und sie Off-Beat spielen, können wir diese Skala oft mit großer Wirkung einsetzen.

Ich setze die B-Ganzton-Halbton-Linie in Takt zwei fort, und über dem E7-Akkord erzeugt dieselbe Tonleiter einen E13alt-Akkordklang.

**Beispiel 9d**

In Beispiel 9e erzeugt die C-Durchgangsnote im ersten Takt wieder den Klang Bm7b5b9. Über dem E7-Akkord löst sich die 3 (G#) auf dem letzten Schlag des Taktes schön zum A-Grundton von Am7 auf.

**Beispiel 9e**

Als Nächstes sehen wir uns einige Licks an, die die triolische 1/8-Noten-Phrasierung enthalten, die so untrennbar mit dem Vokabular des Gypsy Jazz verbunden ist. Beispiel 9f verwendet den bewährten verminderten Lauf in Triolen über einem E7-Akkord.

**Beispiel 9f**

Hier ist ein anspruchsvolleres Lick, das einige schnelle Positionswechsel beinhaltet. Beginne im ersten Takt mit dem ersten Finger, der über der 7. Position schwebt, und spiele die G-Note im Auftakt mit dem vierten Finger. Wenn du die Noten auf der ersten Saite erreichst, spiele den 8. und 10. Bund mit dem ersten bzw. zweiten Finger und schiebe dann den ersten Finger in den 12. Bund. Jetzt bist du in der richtigen Position für den Rest des Licks.

**Beispiel 9g**

Die nächste Linie verwendet die Akkordform Bm7b5 aus Beispiel 9d. In dieser Linie geht es darum, den beschwingten Gypsy-Rhythmus zu erzeugen, also höre dir das Audiobeispiel an, um die Phrasierung zu hören.

**Beispiel 9h**

Zwei schnelle Triolenläufe mit 1/8 Noten werden durch die geraden 1/8 Noten des dritten Taktes in dieser Linie kontrastiert. Beachte, dass der erste aufsteigende Teil im Wesentlichen ein D-Moll-Arpeggio ist. Wie bereits in Beispiel 9c erwähnt, können wir den ii-Akkord (Bm7b5) oft durch den iv-Akkord (Dm6) ersetzen.

Dieses Lick wird schnell gespielt, daher empfehle ich, es zu verlangsamen und den Fingersatz zu üben, bevor man es in höherem Tempo versucht. Speichere die Bewegungen im Muskelgedächtnis ab.

**Beispiel 9i**

Wir beenden dieses Kapitel mit einer Linie, die einen typischen Django-Triller auf der obersten Saite enthält. Die Durchgangsnote F über E7 fügt etwas 7b9-Aroma hinzu.

**Beispiel 9j**

# Kapitel Zehn - ii V i in D-Moll Licks

Die Licks in diesem letzten Kapitel stehen in der Tonart D-Moll, unsere ii-V-i-Progression ist also Em7b5 - A7 - Dm7. Ich werde einige der Moll-7b5-Formen hervorheben, die ich zum Aufbau dieser Licks verwendet habe.

In Beispiel 10a visualisiere ich diese Form für Em7b5, die aus E (Grundton), G (b3), Bb (b5), D (b7) besteht. Beachte auch hier, wo diese sicheren Akkordtöne im Verhältnis zum Grundton stehen.

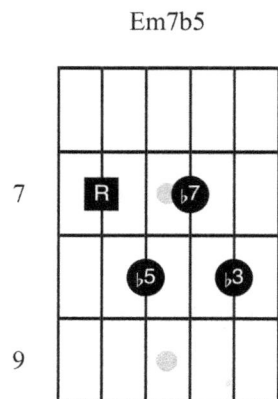

Das Hinzufügen von C (b13) und A (11) in Takt eins dient dazu, die Linie aufzupeppen.

A7 besteht aus A (Grundton), C# (3), E (5), G (b7), und die F#-Note auf Schlag 1 von Takt zwei impliziert einen A13-Klang. Die C-Note zielt hier auf die 3 von einem Halbtonschritt darunter.

**Beispiel 10a**

Die Linie im ersten Takt des nächsten Beispiels basiert auf dieser Variation der Akkordform in der 7. Position:

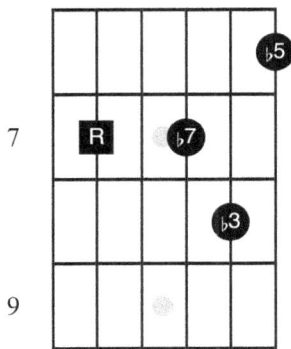

Em7b5

Eine Ab-Durchgangsnote am Ende des ersten Taktes löst sich im zweiten Takt zum Grundton A7 auf. Ein langfristiges Ziel für deine Übungsstunden sollte es sein, sich die Akkordformen, zwischen denen du dich bewegst, vor Augen zu führen und dich auf verschiedene Möglichkeiten der Verbindung der Akkordtöne zu konzentrieren. Durchgangsnoten sind in dieser Hinsicht unser Freund und werden oft benötigt, um „die Punkte zu verbinden", besonders wenn man lange 1/8-Noten-Passagen spielt.

**Beispiel 10b**

In Beispiel 10c kannst du dir diese Em7b5-Akkordform vorstellen. Die Verwendung einer C#-Durchgangsnote auf dem Abschlag in Takt eins impliziert einen 13b5-Moll-Klang. Auch in Takt drei erzeugt eine Durchgangsnote auf dem Abschlag eine markante Bewegung von b5 zu 5. Das Lick endet auf einer E-Note, der 9 von Dm7.

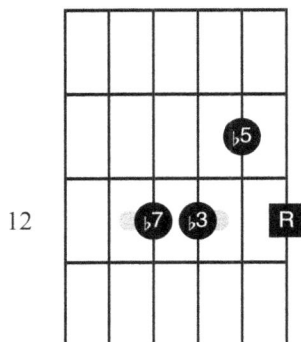

Em7b5

**Beispiel 10c**

Wie bereits erwähnt, ist es üblich, den ii-Akkord (Em7b5) durch den iv-Akkord (Gm6) zu ersetzen, da sie genau dieselben Noten enthalten (E, G, Bb, D).

Diese Idee stelle ich mir zu Beginn des nächsten Licks vor. Beachte, dass die ersten sieben Noten im Wesentlichen ein Gm9-Arpeggio sind, dann wechsle ich zu einem Gm6-Arpeggio. Die A-Note, die die 9 des Gm9-Arpeggios ist, ist auch die 11 von Em7b5. Man könnte sie aber auch einfach als Annäherung an das B betrachten. Es gibt viele Möglichkeiten, Musik aufzuschlüsseln und zu analysieren, und die meisten Menschen haben eine etwas andere Art, sich die Dinge vorzustellen. Ich denke, es ist gut, die Dinge aus verschiedenen Blickwinkeln zu betrachten, wenn möglich.

**Beispiel 10d**

Hier ist ein weiteres Lick, das mit der in Beispiel 10c verwendeten Em7b5-Form beginnt. Wie beim vorigen Lick fällt auf, wie ähnlich der erste Teil dieser Linie einem G-Moll-Sound ist. Beachte auch die Linie über Dm7. Hier ist die erste Note auf Schlag 1 von Takt drei ein C#. Die Verwendung der großen Septime (7) auf dem Moll-Akkord, obwohl der Akkordton ein b7 (C) sein sollte, erzeugt eine Dmin(Maj7)-Tonalität.

**Beispiel 10e**

Als Nächstes folgt ein chromatisches Triolen-Lick mit 1/8 Noten, das deine Genauigkeit beim Picking testen wird. Übe es langsam und versuche, auch die Abschläge zu betonen.

**Beispiel 10f**

Für den A7-Akkord in diesem nächsten Beispiel denke ich wieder skalisch und spiele im Wesentlichen die alterierte Skala in A (A, Bb, C, Db, Eb, F, G) mit dem Zusatz einer chromatischen B-Durchgangsnote. Dieser Klang wurde von den „Modern Manouche"-Spielern der letzten Jahrzehnte häufig verwendet.

**Beispiel 10g**

Hier ist ein kurzes Lick, das das verminderte 7-Arpeggio aus der 3 des A7-Akkords verwendet.

**Beispiel 10h**

Nun folgt eine weitere 1/8-Triolenlinie, die sich um die Akkordtöne schlängelt. Es ist schwierig, sie in hoher Geschwindigkeit auszuführen, also arbeite daran, sie so glatt wie möglich klingen zu lassen.

**Beispiel 10i**

Und schließlich eine 1/8-Triolen-Linie, die über dem ii V-Teil der Sequenz auf- und absteigt.

**Beispiel 10j**

# Schluss

Ich hoffe, dieses Buch hat dir als wertvolle Ressource gedient, um dich mit der Sprache des Gypsy Jazz vertraut zu machen. Wie in jeder Sprache gibt es gängige Phrasen, die jeder als Teil des Vokabulars versteht und zu hören erwartet. In diesen 100 Licks habe ich versucht, so viele dieser bewährten Phrasen wie möglich weiterzugeben. Aber ich habe auch eine Auswahl modernerer Lines aus der „modernen Manouche"-Schule der Gypsy-Jazz-Gitarre vorgestellt.

Um dein Spiel voranzubringen, höre dir die Licks anhand der Audiobeispiele erneut an. Wenn du ein Lick hörst, das dich anspricht, nimm es wieder zur Hand und lerne es in verschiedenen Positionen auf dem Griffbrett. Transponiere es, denn es wird aufgrund seines Klangs in anderen Tonarten anders klingen. Lerne es in- und auswendig und wende es dann in einem deiner Lieblingsstandards an.

Dies ist ein sicherer Weg, um diese Phrasen in deinen Wortschatz aufzunehmen. Wiederhole den Prozess mit so vielen Licks wie möglich und du bist auf dem besten Weg, ein authentisch klingender Gypsy-Jazz-Solist zu werden.

Viel Spaß und ich hoffe, wir sehen uns unterwegs!

*Remi.*